3 — COLEÇÃO POESIA CÍTRICA

São Paulo, 2023
1ª edição
ISBN 978-65-86042-69-6

ombros
ou poemas para seres cíclicos

THAMIRES ANDRADE

LARANJA ● ORIGINAL

Há que se ter cautela com esta gente que menstrua...
Imagine uma cachoeira às avessas:
cada ato que faz, o corpo confessa.
(...)

Aviso da lua que menstrua, Elisa Lucinda

- 9   Prefácio _ *Marília Magalhães*
- 11 LUA NOVA
- 21 PRIMAVERA
- 33 GAIA
- 47 ALQUIMIA

PREFÁCIO

O nosso olhar foi aprisionado em um retângulo estreito. Apequenamos a forma de enxergar o mundo. Espiritualidade virou dogma. Educação virou produtividade. Saúde virou pílula. Cada vez mais fechado, nosso olho acessa uma pequeníssima fração do todo, enquanto somos convencidos de que aquela fraca fresta de luz é a verdade, toda a verdade.

Mas a vida não cabe em um frame, não há início nem fim. A natureza da existência é fluir em ciclos. Thamires Andrade escreve para arrancar as vendas que nos impedem de mirar além das bordas.

Contra toda ilusão de controle contida nas listas que fazemos e nas agendas que gerenciamos, as quatro etapas deste livro trazem à tona a impermanência imposta pela vida. A revolta habita o mesmo corpo que a ternura. Aceitar a polirritmia é o que permite o nascimento da poesia, em forma de pitanga, em meio a uma cidade cinza, barulhenta e impassível.

Em uma época em que o dito feminino é relegado à segunda classe, Thamires nos lembra que só o que tem capacidade de sangrar e morrer pode criar e renascer. Entre as camadas dos versos, descobrimos que a verdade não está no divino branco e asséptico, mas na ancestralidade que carregamos nas entranhas e nos ombros.

ombros ou poemas para seres cíclicos é um convite à amplitude do olhar. Permita-se ver.

Marília Magalhães

1
LUA NOVA

SANGUE

todos os meses eu sangro
sangue de vida que escorre
sangue de deus que é vinho
sangue de planta que é seiva
um não azul sangue que é nobre
sangue de hemingway à máquina
cera-sangue no chão, vermelho
sangue que ferve o motor, gasolina
encarnado sangue do sangue que é plasma
expressão de fúria que é sangue no olho
ou sangue no olho molhado que é lágrima?
todos os meses eu sangro
sangue parece homogêneo
sangue de bruxa que é mágica
sangue balanço do barco que é água
sangue caminho do livro é página
sangue razão do poema, palavra

CAUPÉ

os santos homens a arrancaram pelos cabelos
batizada josefa
selvagem
minha tataravó nua e impura
índia no caminho branco da redenção
apaixonou-se, disseram, linda
não é uma linda história de amor?
dava até um filme colorido
tarzan, peri ao contrário
um jesuíta bondoso celebrando o casamento em latim
donec separare
ou vai ver ela era uma sereia
sedutora bruxa feiticeira
avassaladora de homens de bem, pais de família
uma endemoniada meretriz de pele vermelha
e longos cabelos negros
quando eu nasci sem pelos sem falo sem pecado ela me disse
talvez
talvez tudo isso seja mentira
hoje de manhã enquanto sangrávamos juntas
ela me soprou a verdadeira história
e rimos, sim
nós rimos
sumus et via et veritas et vita
vovó caupé e eu

NUMA MANHÃ DE SOL
(para Maria Fernanda Elias Maglio)

eu posso gerar teus filhos em meu útero
embalar no colo e dar de mamar
sentindo a dor do estilhaço
no seio, no peito
depois abandonamos as crias no trem
e saímos tentando não olhar pra trás

eu posso entrar pela porta
cada porta que você fez existir
e sentir a dor dos cristais que rasgam mulheres
os amores tortos que partem
prostaglandinas nas células

eu posso gritar teu grito
gritar contigo
a vontade de não ser poeta
de não escutar quando ouço
de não ser rio que escorre choro
na hipocrisia do ano novo

eu posso desejar pra sempre
apenas a companhia de teu silêncio-mãe
insubmisso
sob um fundo verde
numa manhã de sol

CAMAROTE

covardia infantilidade birras narcisismo sadismo exibem um mal coreografado sapateado, corpo de baile de desengonçadas hienas, mastigo balas de goma coloridas enquanto assisto em silêncio e sinto meu sangue denso vermelho e quente me escorrendo serenamente entre as pernas.

O PAI, O FILHO E O ESPÍRITO SANTO

o pai
o filho
e o espírito santo
foram tomar uma no bar
enquanto a virgem maria ficou em casa
lavando as cuecas
picando as maçãs
esfregando o chão
preparando o jantar

maria madalena tem dois empregos e se prostitui para criar
o filho
enquanto
o espírito santo
condena e
o pai
reclama na justiça que ela é interesseira e quer viver de pensão

anna se casou com um homem mais jovem
um idiota achou graça e fez piada
o pai
o filho e
o espírito santo
riram

depois que isabel foi estuprada no ponto de ônibus saindo da
                                            [faculdade à noite
o pai disse
quem mandou usar esse decote
o filho disse
quem mandou andar sozinha essa hora
e o espírito santo disse
mulher fazer faculdade pra quê

no dia da mulher
o pai
o filho
e o espírito santo
dão parabéns

MAR VERMELHO

vulcão profundo
de onde preparo
um novo mundo: diluo
montanha de rubis

passagem que se abre
límpido amanhã

descamam-se os corais
brota de mim um mar
vermelho

2
PRIMAVERA

TERNURA

atiro no vizinho uma pedra precisa de estilingue
como quem esmaga e nocauteia uma barata invasora numa
[pisada só
depois bordo nuvens azuis no céu da fronha e sublime
sonho
suspiro
eu sou o alfaiatezinho valente
hay que endurecerse pero
sin perder la ternura jamás

DE NASCENÇA

não tenho a experiência dos domadores
que estudam os instintos das palavras-feras
e sabem exatamente o que fazer com elas
(sempre acabo arranhada ou mordida)

tampouco sei fazê-las palavras-pombas
tirá-las da cartola formosas, misteriosas
ou fazê-las levitar
(no máximo consigo uma monga engaiolada)

vender bilhetes não posso
ia querer colocar pra dentro sem tostão
todas as palavras-meninos de pés no chão

malabarismos?
sempre esborracho as claves-versos
(às vezes até no meu próprio dedão)
e deixo cair os pratinhos que coloquei pra girar

eu só sei brincar com crianças-palavras
agradeço a deus por ter me feito palhaço

BALÃO

o que é teu
pega pela mão
clareia a visão
vive a delícia da certeza de si
defende o que te importa e diz a verdade
fala pra si: sou
e o que estiver ao redor vai ouvir
vai ter de pedra a confete, segue
resiste ao impulso do conforto do medo
faz cócegas no dentro
varre o receio
aposta no sim
e viva balão

JARDIM

floriano: do latim, *da flor*. e quando é que flores bastam? floriano, pólen, encontra floripes, do teutônico, *amável*. amor e flor, floripes e floriano, meus bisavós. entende agora minha obsessão em ser jardim?

VONTADE

riacho rua abaixo
vontade de ser livre

venta cheiro molhado
vontade de ser moça

saciada sede cessa
vontade de nascer

AMAR,

as árvores amam com a sombra
as mães amam com a vida
as pulgas amam no pelo
ama o gato o novelo
o amor da fé é a prece
amar na igreja, aliança
o soldado ama a marcha
procura um amor a ministra
o amor do vaso, o vazio
quem ama o dinheiro adoece
amado, o feio, bonito parece
não confundir amor e interesse
narciso ama-se espelho
a letra é o amor da caneta
o amor do vizinho, silêncio
a pausa, o amor da cadência
os míopes amam de perto
irmãos amam ao lado
as nuvens amam por cima
os poetas amam de longe

HOMO PLANEJANTIS

agendas listas receitas planilhas cadernos aplicativos roteiros mapas programações medidas, ah a ilusão do controle, uma de minhas ilusões favoritas, até parece que assim não se corre o risco de se perder por aí. mas a vida mostra quem é que manda, ontem uma abelha aterrissou no meu quindim, quem é que poderia prever uma poesia dessas?

SILÊNCIO

na minha rua nunca faz silêncio
tem ônibus briga britadeira
helicóptero
bem-te-vi
pedaços soltos do centro que nunca dormem

na minha cabeça nunca faz silêncio
cifras cálculos cifrões combates culpas
palavrões girando
discursando
até mesmo enquanto durmo

nos meus pés nunca faz silêncio
eu sambo
subo e desço
a pressa faz batuque nas calçadas
e os chinelos são embalo na chegada

no meu coração nunca faz silêncio
batem medos sonhos amor pesadelos
espereza
incertanças
como um parque de diversões cravado na areia da praia

MARIA-FUMAÇA

eu rio um sorriso grande
desalinhado
eu cuido dos cabelos
e você nem desconfia
um pouco de sol e dó-ré-mi-fá
faço livro de poesia
amolo faca na borda da pia
embalo a cria
e se a chuva desaba eu bebo
passo um café
transformo em vinho
e como milagre faço render o feijão
meu passo firme anuncia
que ponho beleza à mesa
e se sufoco, melancolia
sigo a correria e boto as horas no varal
cubro os braços nus
mordo a primeira maçã do paraíso
e me lambuzo de cacau
com ou sem batom comando a putaria
eu faço tudo o que você faria
e o que não daria
só que faço mais bonito
guarde o seu p s i u que vadia
sou
e só
se eu quiser
me chamo mulher
eu sou polirritmia

3
GAIA

ARRANQUE

o impulso que avança a cidade é a força feminina das pernas

ESPELHO

olhar-se no espelho e observar a diferença entre os seios
a beleza da diferença entre os seios

rodopiar pela sala e constatar a falta de jeito
a graça da falta de jeito

suspender as pernas e entregar-se ao prazer que circula
a fluidez do prazer que circula

fechar as janelas e notar as cores que sobram
a verdade das cores que sobram

VÁ

os livros de poemas espalhados pelos cômodos
a louça na pia denuncia:
há mais poesia longe dali
a tarde pede mais dia
a loucura pede pressa
o sim pede passagem
estrelas dizem
olha o seu tamanho, menina
vá
pra que saber pra onde vai?

ORAÇÃO À TERRA DE TODOS OS SANTOS

que o doce cajá me corra nas veias
e na embriaguez de seu calor eu transpire mar
paisagem de sorrisos
eu quero arrepio
paixões instantâneas no (en)canto dos sotaques
me espalhar carnaval
ser tomada de cheiros cores esse charme essa ginga
fluidez
sedução
diluir a dureza de meus passos de concreto
que você me salve da crueza
cinza e inerte
do ilusório progresso e da pressa
então desbotada lagarta
misturada a seus temperos
em transe em seus goles
você, eu
metamorfose:
eu crie asas

FESTA

na curvatura das costelas
sinos
movem-se uníssonos balões
pulmões
embala o bumbo vermelho
feito banda
esperam vértebras bailarinas
no peito coxia
diafragma cama elástica
cúpula
pula-pula
diverte ansiosa criança
festa em minha caixa torácica

O SEXO DOS ANJOS

pulando amarelinha
eu fui até o céu
e vi o sexo dos anjos
formas tamanhos tons intensidades
(ah, o transe das cores do sexo dos anjos!)
eles me batizaram
e me abençoaram
e agora meus pecados
já não me matam mais
– são minhas maiores virtudes
e eu seguirei voando por aí
nua
pelas mãos de desconhecidos

PITANGAS

num desses meus delírios verdes
em que me deito com todas as árvores
pitangas frescas me devoraram
e fecundaram
do oco do meu útero
pari um poema
vermelho
e levemente ácido

FÉRTIL

canela macerada em vinho doce
solo úmido
a rota das coxas
poder de gaia desliza pelas trompas
a irresistibilidade do calor, o cheiro da inteligência
e um belo par de mãos
abundante mãe-terra
é a fertilidade da lua cheia servindo de espelho
radiante
visto apenas meu melhor sorriso:
uma mulher ovulando não precisa de curvex

ÉTER

olhar perdido que desliza
radical e orgânico
entre ligações angulares
rotações dinâmicas
eletronegatividade
dissolve o verde
anestésico
cadeias complexas
de expressão polar
longos e fugazes estados de agregação
mistura explosiva de vapores
éter:
um átomo ligado a dois

BRINCO

porque não podia deixar o corpo
porque não podia plantar os sonhos
porque soltos os seios são medo
porque não podia brotar esparsa
ocupar com a liga
cuidar dos lençóis
morder as frutas
espalhar descalça a valsa na ponta dos pés
tombou
ali
(na separação das metades
um brinco)

OBSESSÕES

minha primeira obsessão
um broche dourado
desses de guardar na caixinha
à primeira aproximação
depois de meses a me enfeitar as festas
perdeu toda a angelicalidade
os olhos, que não eram bem verdes, caíram
ouro fraude, enferrujou
(nem tudo o que reluz...)
virou carimbo de repartição

minha segunda obsessão
repetidamente, como um bumbo
a 150 bpm na madrugada
ou uma demora silenciosa
na fila do pão
não lembro bem
restaram só migalhas
que masquei
e cuspi, de partida
emporcalhando a praça

minha terceira obsessão
um filme com trilha do renato russo
desses que terminam do nada
vitrine viva
um pó que eu cheirava na privada
e jurava que não viciava
gritando enquanto subiam as letras
demoradamente
até pintar o the end

minha última obsessão
abrigo antiterremoto
areia fina hipercalórica
foto mal tirada
da mentira mais mal contada
lição da primeira página
uma cerveja com o vampiro
autoengano clichê em ré menor

minha próxima obsessão:
servir a este corpo
meu próprio bezerro de ouro

4
ALQUIMIA

PERFEITA

eu queria um fôlego de dar inveja
correr a são silvestre até o final
eu queria perder uns quilos
sambar de tapa-sexo no carnaval
eu queria ser bem espiritualizada
não levar nunca nada a mal
eu queria caber numa lingerie de outdoor
pose, close e ensaio sensual
eu queria ser bem equilibrada
manter a rotina de yoga matinal
eu queria uma bolsa louis vuitton
puro luxo de parar o sinal
eu queria fazer uma balayage
cabelo-propaganda da l'oréal
eu queria uma dieta das estrelas
zero açúcar glúten free sem lactose
nem nada de origem animal
eu queria ter sagrado feminino
sinestesia com minha bruxa ancestral
eu queria ser perfeita
ih
não foi dessa vez
não acho as rimas certas
meu pé não entra no sapato
não tenho orçamento
amanhã, talvez

MORADA

dividida no
caminho
entre a
guerrilha e a
ciranda
parei e
fiz
morada aqui
na
poesia

MULHER-PROGRESSO

o progresso me deu espelhos
me encheu de piolhos
levou embora meu pau
estragou minha festa
me vestiu de babado
(eu que andava de boa pelado)
o progresso jogou minha cachaça no ralo
roubou minha avó
me calçou sapatos apertados
matou a preguiça que eu tanto amava
o rio que eu pescava
a praia que eu surfava
rasgou minha esperança
cimentou minha floresta
mas
graças ao progresso
não sou mais bicho do mato
tô cosmopolita, larguei o tupi
tomo drinks fluorescentes de glifosato
fiz progressiva
ando de grife
viajo pra disney
e sou feliz
graças ao progresso
suas novidades
e suas pílulas de esquecer

TRAVESSIA

enquanto
o
chá
não
esfria
a canela é lembrança que entra pelo nariz, rasga
e fica
coisa demorada esfriar chá
eu assopro, dinossaura
é tempo demais pra pensar que a vida é besta
o tempo grita e a cidade
ah
a cidade é tão frenética, frenética e fria
corta como a presença do café
esfriou
busco a travessia mas é a cidade que me atravessa

A MENINA HASNA

quando eu era pequena uma menina no fantástico soltava cacos de vidro pelos olhos. agora que eu cresci os cacos de vidro da cidade me cortam os pés e eu solto cacos de vidro pela boca.

AS PESSOAS

por que a gente conta a vida em anos de idade? no fundo são sempre outras idades perdidas secas ou fantasiadas que a gente vê no monóculo, na fita ou espia da janela da frente. eu aos 23 rotinava um antirrugas, dava à tapa uma cara que eu mal tinha com uma grana que eu não tinha. eu hoje todo dia acho graça nas pessoas, as pessoas são cheias de currículo, as pessoas falam de boca cheia cuspindo citações e beijam na boca do cachorro. eu acho pessoas uma coisa engraçada. ah, sim, claro, eu também não cresci, se pudesse passava os dias descalça soprando bolhas e escorregando no liso do sabão.

DOR

qual o tamanho de uma dor?
de um dedo mindinho
de uma expectativa
menor que o tempo
proporcional ao amor?
qual a cor de uma dor?
o cinza da perda
o azul do amanhã
verde-esperança
breu de pavor?
qual o gosto da dor?
agosto desgosto, azedo
doce beijo que se partiu
tormento salgado do mar, tsunami
abraço amargo que não se cumpriu?
qual o peso da dor?
poeira que voa no ar, ventania
cruz de jesus, condensado do mal
culpa de mãe, mulher, cuidadora?
peso da estrada, apesar, afinal

NEGO

eu vou travar todos os trincos
cadeados
e vou fechar todas as cortinas
vou tomar valeriana
passiflora
benzodiazepina
vou ler novelas na cama até sentir sono
e sonhar com campos floridos de narcisos
vou ficar em silêncio
e rir sempre na hora errada
eu vou ser inadequada e me fingir de inconsequente
a realidade é só mais um ponto de vista
ninguém me tira o direito de negar

TEMPESTADE TEMPORAL

tempestade
temporal
vento que corre inunda arrasta
o que tinha que ir
e o que tinha que ficar
não respeita as caras e janelas fechadas
irrita os desprevenidos
contorciona os guarda-chuvas
alaga os sapatos
faz piscina no bueiro da esquina
tempestade
temporal
corações encharcados
eu queria que a chuva levasse com ela as demoras
mas ela passou aqui com muita pressa
e nem me ouviu

TV

que o ventre é deles
que a guerra é santa
que a grana é pouca
que o fake é feito
que a escola é cara
que a arte é feia
que o agro é povo
que eu sou bunda
que a mana é louca
que luxo é vida
que o cabo salva
que o lucro é limpo
que amor é drama
que o gozo é urgente
que o riso é raso
que a lama é pura
que deus é grana
que o sangue é graça
que a morte é cura
livre(mo)nos
do hd
som digital
terror-jornal
tela pixel
(controle? qual?)
podridão escolhida a dedo
querem me convencer
que é vida o que passa na tv

SOLIDÃO

a solidão de uma rua escura
a solidão dos livros que eu não li
a solidão da roupa pra passar
a solidão das páginas em branco
a solidão de uma mesa de bar
a solidão da razão suicida
a solidão de uma borboleta
a solidão de uma vadia biscate oportunista
a solidão dos abandonos que a gente tem que escolher
a solidão bêbada e exausta
muda telepática
uma rosa sozinha
estúpida e inválida
a solidão da namorada que hesita
a solidão de uma mãe que troca a fralda
a solidão da mulher preta
a solidão de um lápis sem borracha

EM S

leio. releio. procuro respostas pras perguntas que não me fiz. queria viver a pergunta antes que seja tarde, mas é tarde. os trinta galopam. é preciso fazer exercícios. é preciso pensar na aposentadoria. é preciso encontrar alma pra todo tédio. perder dois quilos. pôr o resto no lugar. aquela pizza, aquele clima. aquele tempo que já. ih. são tantas tatoos e viagens na fila de espera do tempo e da grana. e o brasil? procura-se novas ilusões. respiro em s. arrisco um caminho.

CHICLETE

eu não sei o que foi isso
que me injetou na pele nos poros
nas papilas
esse cheiro de suor e de cigarro barato
que me gravou no dna esse nojo
a sujeira nas unhas
o amargo da saliva
eu tenho a pressa impressa nos joelhos e nos pés
pressa de manhã
pressa de tarde
pressa de noite
eu corro sempre mais valvulada que os carros
que aqueles caminhões soltando fumaça preta
eu fui mastigada pela cidade
perdi meu anel de chiclete
e um chiclete mastigado colou pra sempre nos meus sapatos

QUEM VÊ

quem vê as pingas que eu bebo
não viu em quantos universos tropecei
em quantas histórias enoveladas esbarrei
os muros que me escoraram
as manchas que esfreguei por horas com alvejante no tanque
os tombos acrobáticos que caí em sarjetas escorregadias
os espinhos com que furei e fui furada
os incontáveis copos que comprei e quebrei, comprei e quebrei
os números de loteria que nunca acertei
os anjos tortos que dispensei
nem ouviu os lados B do tim maia que cantarolei
enquanto voltava a pé pra casa sozinha na madrugada
os olhos meio borrados
já senti saudade...

BOLO

eu não sei por quanto tempo vai durar essa saúde, e nem sei por quanto tempo vai doer minha saudade. eu já atravessei canaviais, já cruzei são paulo num ônibus, chorei no chuveiro, bati portas, mordi a língua, paguei juros, perdi documento, falei com estranhos, caí da escada. e tô aqui, de braço dado com a saúde de um lado, a saudade de outro. ninguém me derruba. enquanto eu tiver umas letras, ninguém me derruba. eu tenho aquele segundo dedo maior que o outro, sabe? aqui diabo vem comer bolo de domingo.

DE TUDO QUE EU FAÇO PRA NÃO ENLOUQUECER

de tudo que eu faço pra não enlouquecer
trocar sempre os lençóis
beber chá de jasmim
escrever cartas ao prefeito
postar sonhos no correio
vender os seminários do lacan
fingir que esqueço as marteladas
esquecer o chá e os lençóis
botar creme nas olheiras
dormir na geladeira
andar com as chaves na mão
dar a ré no precipício
talvez lembrar sua canção
partida
e partilhada
seja a rotina mais doce
psicotrópica
e dolorida

PAPÉIS

condômina inquilina seguidora
telespectadora aluna usuária
cliente passageira funcionária
correntista paciente consumidora
se o tal do *time* não fosse *money*
eu queria era ser poeta

MEDO

medo de não dar conta enquanto monto o acampamento
medo de não dar conta enquanto toca o despertador
medo de não dar conta enquanto conto os centavos soltos
medo de não dar conta enquanto cai a água no corpo
medo de não dar conta enquanto goteja o remédio no copo
medo de não dar conta enquanto exausta reato as pontas
medo de não dar conta enquanto atiro molotovs
medo de não dar conta enquanto tento captar constelações
medo de não dar conta enquanto finjo esquecimento
medo de não dar conta enquanto acolho telefonemas
medo de não dar conta enquanto contenho a correnteza
medo de não dar conta enquanto cato os cabelos em queda
enquanto a angústia estoura arrancando costelas
medo de enlouquecer

DUAS

eu tenho tido péssima memória
o que tem me causado
uma fila-dominó de problemas
então não me lembro em qual esquina
canto escuro
ou cômodo da casa
nos encontramos da última vez
eu, como se pudesse, daqui dessa distância
te tranquilizar
cantarolava em seu rosto
no, woman, no cry
(*everything's gonna be all right*)
lagarta que ouvia de longe
borboleta dizer
vem, você consegue
ao mesmo tempo em que dava
(sentia que devia)
explicações:
eu tento ser assertiva
eu tento ser delicada
eu tento ser altruísta
eu tento me concentrar
e você, pega leve
você tão jovem e livre
garrafa fresca de vinho branco que não dá pra uma noite
e eu, velha cabra depois do banho
depois do
porre
duas meninas unidas por pães requentados
e essa insustentável mania de sorrir, sempre
como se valesse a pena a barra de viver

fortaleza-menina, chega disso
vai dançar
e todo o resto
melhor é deixar pra trás

RÉVEILLON

termina mais um começo de ano
e eu
sou ainda a mesma do ano passado:
não fui no dentista
não paguei o conselho
visito e convido menos do que gostaria
pesam as pernas
a mochila
culpa gula quilos a mais
escuto menos do que gostaria
absorvo mais do que deveria
fico me devendo
a mim
e aos que me dou
só
mesmo que em pensamento
sinto saudade de minhas avós
o tesouro direto ficou pelo quarto ano consecutivo
pra depois
o colesterol também
para o meio do ano
quando também voltarei a correr
atrás de meu próprio rabo
por hora me desculpo
esfarrapadamente
e, prometo, em breve serei réveillon
desses esperançosos que a gente passa de calcinha nova

TRINTA E DOIS

trinta e dois séculos atravessados
vencidos na força de meus trinta e dois dentes
foram poucas as vezes em que me joguei da janela
(pois desisti na maioria delas)
no mais foram as mesmas batalhas glaciais
cérebro versus coração
pensamentos gladiadores
de armaduras de ferro
há quem diga que além de anciã
me tornei a mais prepotente das pragas
vai ver é isso mesmo
hoje tudo
(ou quase)
que ouço é música
e faço à eternidade apenas promessas de passo e divã

TUDO CERTO PRA DAR ERRADO

tudo certo pra dar errado
já engraxei os sapatos
botei o nenê pra dormir
e rezei pro anjo da guarda
tenho tudo sob controle
tudo certo pra dar errado
já fiz todos os cálculos
pesei os pesares
encomendei o corpo e a alma
paguei a previdência
e desentupi a privada
tudo certo pra dar errado
quando você passar
rio um meio sorriso
arremato a costura
mato a bola no peito
desfilo em salto agulha
rodopio e vazo
como um pião
finalmente sã e fina
está tudo certo pra dar errado
e se não der certo como planejado
resolvo tudo a dentadas
no ano que vem

ESTA

esta que escrevo os poemas
não sou a mesma que tiro fotos com os livros e parentes
que acredito no futuro
que sorrio ao telefone
que engulo as moedas
que sequestro o ônibus
que fumo as pedras
que esfaqueio o presidente
que odeio o hino nacional
que estou ficando doente
que acho tudo bobagem
que somatizo vertigens
que beijo a boca de judas
que erro a coreografia
que arrisco a mão na boca do crocodilo
essa aí dos poemas é a terceira:
eu mesma sou apenas aquela que busca abrigo no silêncio

QUE NADA TE LIMITE

que nada te limite
se for preciso mostre os dentes
cate feijões se preciso
não aceite os panos quentes
as fórmulas requentadas
mesmo que leve um tempo
se for preciso passe álcool
se preciso taque fogo
se preciso, merthiolate
e que nada te limite

BUSCA

procura a palavra:
alívio
encontra o aperto
quer dizer mas não sabe
quer estar mas, longe: espaço
sente
e se conforma
conforta-se

CABRA

eu nasci numa segunda-feira
provavelmente de sol e suor
meio útil e meio inútil
em que uns abanam carvão enquanto outros são o próprio carvão
dessas que as pessoas usam
pra arrumar gaveta armários baús
jogar fora as contas de mais de cinco anos atrás
em que tentam esquecer as brigas
e os amores de anos atrás
eu não nasci no carnaval nem na primavera
não nasci amena
não nasci brisa
não nasci úmida
eu sou uma cabra que sobe a montanha
eu nasci de um árido em que num piscar de olhos tudo se alaga
destrói as muretas
arrasta os móveis
árida como asfalto
dura como um prato vazio
casco seco
incompleta como quem está quase chegando no fim
mas onde vem grudar a lagarta da fé que depois de uns dias avoa longe
pra pousar no ano que vem

OMBROS

o médico diz que eu não posso dormir sempre em cima do
[mesmo ombro
direito
decerto ele não sabe
o doutorzinho
das coisas que carregam os ombros
se nascemos mulher

LINHAS

ainda que me desmanche rua abaixo
que pince passado
e ria na cama
que eu tema tremendo
chore sozinha
amanheça na lama
mate de medo
morra culpada
desista
(e fracasse)
a cada sol
sistemática
ainda assim
fragmentos:
estou viva
eu sou a fênix
carrego elefantes
renasço, brilhante
chama
das cinzas doces
eu tenho nove vidas
ou novecentas
arrombo portas e peitos mascando chiclete
envergo e não racho
oferta
eu sou alimento
estava escrito
você não leu as linhas quando eu te dei a mão?

AGRADECIMENTOS

A todas as pessoas que carregaram um pouco este livro nos ombros, em especial Auriel Filho, Germana Zanettini, Luciana D'Ingiullo, Marília Magalhães, Maya Falks e Rogerio Brito Correia.

Edição *Germana Zanettini*
Projeto gráfico *Flávia Castanheira*
Produção executiva *Bruna Lima*

Dados Internacionais de Catalogação na Publicação (CIP)
(Câmara Brasileira do Livro, SP, Brasil)

Andrade, Thamires
   ombros: ou poemas para seres cíclicos/
   Thamires Andrade
   1ª edição – São Paulo: Laranja Original, 2023
   (Coleção Poesia Cítrica v. 3)
ISBN 978-65-86042-69-6

1. Poesia brasileira I. Título. II. Série.
23-149440   CDD-B869.1

Índices para catálogo sistemático:
1. Poesia: Literatura brasileira B869.1
Aline Graziele Benitez – Bibliotecária – CRB-1/3129

LARANJA ORIGINAL EDITORA E PRODUTORA EIRELI
Rua Capote Valente, 1198
05409-003 São Paulo SP
Tel. 11 3062-3040
contato@laranjaoriginal.com.br